Lázaro Droznes

20 TANGOS Y UN BOLERO

Comedia musical tanguera

Las historias del amor en las distintas etapas de la vida narradas en inolvidables tangos bailados, cantados y actuados.

Published by UNITEXTO

20 TANGOS Y UN BOLERO
Comedia musical tanguera

Voz de hombre   *Voz de mujer*

UNA ESTATUA DE VIRGEN APARECE
ILUMINADA SOBRE UN PEDESTAL. LA MUJER,
CARACTERIZADA COMO ADOLESCENTE
(RULOS, ANIÑADA) SE MUEVE CON ESTILO
TANGUERO EN ACTITUD RELIGIOSA COMO SI
ESTUVIESE EN UNA IGLESIA.

MAMA... YO QUIERO UN NOVIO
Tango
1928
Música: Ramón Collazo
Letra: Roberto Fontaina

Mama, yo quiero un novio
que sea milonguero,
guapo y compadron;
que no se ponga gomina
ni fume tabaco ingles,
que pa' hablar con una mina
sepa el chamuyo al reves;
mama, si encuentro ese novio
juro que me pianto aunque te enojes.

Mama, yo quiero un novio
que al bailar se arrugue
como un bandoneón.

Yo quiero un hombre sin pose
ni pinta de distinguido,
que no sea muy presumido,
pero que marque las doce.

Tanto me da que sea pato
como que tenga dinero,
un hombre es lo que quiero
y eso será mi ilusión...
Mama, yo quiero un novio
que sea milonguero,
guapo y compadron.

EL HOMBRE Y LA MUJER ESTÁN
ENFRENTADOS A UN ESPEJO DOBLE FAZ.
EXPLORAN MOVIMIENTOS Y ACTITUDES EN
ESTILO TANGUERO. FINALMENTE EL ESPEJO
SE LEVANTA Y PUEDEN RELACIONARSE
ENTRE SI PROBANDO LO QUE HABIAN
ENSAYADO PREVIAMENTE

SE DICE DE MÍ

Milonga
1943
Música: Francisco Canaro
Letra: Ivo Pelay

Se dice de mí

Se dice de mí
Se dice que soy fiera,
que camino a lo malevo,

que soy chueca y que me muevo
con un aire compadrón,
que parezco Leguisamo,
que mi napia es puntiaguda,
la figura no me ayuda
y mi boca es un buzón.

Si charlo con Luis, con Pedro o con Juan,
hablando de mí los hombres están.
Critican si ya, la linea perdí,
se fijan si voy, si vengo o si fui.

Se dicen muichas cosas,
mas si el bulto no interesa,
¿por qué pierden la cabeza
ocupándose de mí?

Yo se que muchos me desprecian
y suspiran y se mueren cuando piensan en mi
amor.
Y más de una se derrite si suspiro
y se queda,si la miro,resoplando como un Ford.

Si fea soy,
pongámosle,
que de eso aun no me enteré,
en el amor, yo solo sé
que a más de un gil, dejé a pie.

Y ocultan de mí,
ocultan que yo tengo,

unos ojos atrevidos,
ademas otros primores
que producen sensación.

Si soy fiera se que, en cambio,
tengo un cutis de muñeca,
los que dicen que soy chueca,
no me han visto en camisón.
Los hombres de mí critican la voz,
el modo de andar, la pinta, la tos.

Podrán decir, podrán hablar (a dúo)
y murmurar aunque rebuznar, (a dúo)
mas la fealdad que Dios me dio(a dúo)
mucho Don Juan me la envidió. (a dúo)
Y no dirán que me engrupí (a dúo)
porque modesto siempre fui. (a dúo)
¡Yo soy así! (a dúo)

LA MUJER AVANZA SOBRE LA AUDIENCIA Y
EMPIEZA A RELACIONARSE CON LOS
HOMBRES DE MANERA SEDUCTORA. EN
ALGUNOS CASOS PIDE PERMISO A LA ESPOSA.
EN OTROS INTENTA TRIÁNGULOS

LA MOROCHA
Tango
1905
Música: Enrique Saborido
Letra: Ángel Villoldo

Yo soy la morocha,
la más agraciada,
la más renombrada
de esta población.
Soy la que al paisano
muy de madrugada
brinda un cimarrón.

Soy la morocha argentina,
la que no siente pesares
y alegre pasa la vida
con sus cantares.
Soy la gentil compañera
del noble gaucho porteño,
la que conserva el cariño
para su dueño.

Yo soy la morocha
de mirar ardiente,
la que en su alma siente
el fuego de amor.
Soy la que al criollito
más noble y valiente
ama con ardor.

EL HOMBRE AVANZA SOBRE LA AUDIENCIA Y
EMPIEZA A RELACIONARSE CON LAS MUJERES
DE MANERA SEDUCTORA. EN ALGUNOS CASOS
PIDE PERMISO AL MARIDO.

SI SOY ASÍ
Tango
1933
Música: Francisco Lomuto
Letra: Antonio Botta

Si soy así,
¿qué voy a hacer?
Nací buen mozo
y embalao para querer.
Si soy así
¿qué voy a hacer?
Con las mujeres
no me puedo contener.
Por eso tengo
la esperanza que algún día
me toqués la sinfonía
de que ha muerto tu ilusión.
Si soy así
¿qué voy a hacer?
Es el destino
que me arrastra a serte infiel.

 Si soy así
¿qué voy a hacer?
Pa' mí la vida
tiene forma de mujer.
Si soy así,
¿qué voy a hacer?
Es Juan Tenorio
que hoy ha vuelto a renacer.

Por eso, nena,
no sufrás por este loco
que no asienta más el coco
y olvidá tu metejón.
Si soy así,
¿qué voy a hacer?
Tengo una esponja
donde el cuore hay que tener.

EL HOMBRE EMPIEZA A RONDAR A LA MUJER
QUE ESTA TEJIENDO Y REALIZA MANIOBRAS
EVASIVAS.

MILONGA SENTIMENTAL
Milonga
1931
Música: Sebastián Piana
Letra: Homero Manzi

Milonga pa' recordarte,
milonga sentimental.
Otros se quejan llorando,
yo canto por no llorar.
Tu amor se vino de golpe,
nunca dijiste por qué.
Yo me consuelo pensando
que fue asunto de mujer

Varon, pa' quererte mucho,
varon, pa' desearte el bien,
varon, pa' olvidar agravios

porque ya te perdone.
Tal vez no lo sepas nunca,
tal vez no lo puedas creer,
tal vez te provoque risa
!verme tirao a tus pies!

Es facil pegar un tajo
pa' cobrar una traición
o jugar en una daga
la suerte de una pasión.
Pero no es facil cortarse
los tientos de un metejon
cuando estan bien amarrados
al palo del corazón.

Varon, pa' quererte mucho, etc.
Milonga que hizo tu ausencia.
Milonga de evocación.
Milonga para que nunca
la canten en tu balcón.
Pa' que vuelvas con la noche
y te vayas con el sol.
Pa' decirte que sí a veces
o pa' gritarte que no.

SE INVIERTEN LOS TERMINOS Y LA MUJER
ESTÁ DETRÁS DEL HOMBRE QUE TOMA UN
TACO DE BILLAR Y EMPIEZA A JUGAR DE
MODO IMAGINARIO

GARUFA

Tango
1927
Música: Juan Antonio Collazo
Letra: Víctor Soliño / Roberto Fontaina

Del barrio La Mondiola sos el más rana
y te llaman Garufa por lo bacán;
tenés más pretensiones que bataclana
que hubiera hecho suceso con un gotán.
Durante la semana, meta laburo,
y el sábado a la noche sos un doctor:
te encajás las polainas y el cuello duro
y te venís p'al centro de rompedor

Garufa!
Pucha que sos divertido.
Garufa!
vos sos un caso perdido.
Tu vieja...
dice que sos un bandido
porque supo que te vieron,
la otra noche
en el Parque Japones...
Caes a la milonga en cuanto empieza
y sos para las minas el vareador;
sos capaz de bailarte La Marseyesa
la marcha Garibaldi y El Trovador...
Con un café con leche y una ensaimada
rematás esa noche de bacanal
y al volver a tu casa, de madrugada,
decís: "Yo soy un rana fenomenal".

LA MUJER TENDIDA EN UNA CHAISE LONGUE
FUMA Y HACE JUEGOS CON LAS VOLUTAS DE
HUMO ILUMINADAS PARA DAR CONTRASTE.
BAILA CON EL HUMO DEl COMPAÑERO

FUMANDO ESPERO
Tango
1922
Música: Juan Viladomat Masanas
Letra: Félix Garzo

Fumar es un placer genial, sensual.
Fumando espero al hombre que yo quiero,
tras los cristales de alegres ventanales.
Mientras fumo, mi vida no consumo
porque flotando el humo me suele adormecer...

ENTRA EL HOMBRE Y OBSERVA LA SITUACIÓN.
PENETRA EL HUMO CON SU CUERPO.

Tendida en mi sofá fumar y amar...
Ver a mi amante solícito y galante,
sentir sus labios besar con besos sabios,
y el devaneo sentir con más deseos
cuando tus ojos veo, sedientos de pasión.
Por eso estando mi bien es mi fumar un edén.

EL HOMBRE SE ACERCA A LA BOCA DE LA
MUJER Y FUMA DE SU HUMO CUANDO EXHALA.

Dame el humo de tu boca.
dame que mi pasión provoca
Corre que quiero enloquecer de placer
sintiendo ese calor
del humo embriagador
que acaba por prender
la llama ardiente del amor.

APARTE. EN COMPLICIDAD CON EL PÚBLICO.

Mi egipcio es especial,
qué olor, señor.
Tras la batalla
en que el amor estalla,
un cigarrillo
es siempre un descansillo
y aunque parece
que el cuerpo languidece,
tras el cigarro crece
su fuerza, su vigor.

A DUO

La hora de inquietud
con él, no es cruel,
sus espirales son sueños celestiales,

y forman nubes
que así a la gloria suben
y envuelta en ella,
su chispa es una estrella
que luce, clara y bella
con rápido fulgor.
Por eso estando mi bien
es mi fumar un edén.

EL ESCENARIO ESTÁ ILUMINADO DE ROJO. LA
PAREJA EMPIEZA A HACER EL AMOR.
EMPIEZAN A DESVESTIRSE CON
MOVIMIENTOS COREOGRAFIADOS
TANGUEROS. CUANDO ES NECESARIO VAN
DETRÁS DE LA CORTINA Y SIGUEN PERO
PROYECTANDO SOMBRAS

A MEDIA LUZ
Tango
1924
Música: Edgardo Donato
Letra: Carlos Lenzi

Corrientes 3, 4, 8,
segundo piso, ascensor.
No hay porteros ni vecinos.
Adentro, cocktail y amor.
Pisito que puso Maple:
piano, estera y velador,
un telefón que contesta,

una victrola que llora
viejos tangos de mi flor
y un gato de porcelana
pa' que no maulle al amor.

Y todo a media luz,
que es un brujo el amor,
a media luz los besos,
a media luz los dos.
Y todo a media luz
crepúsculo interior.
¡Qué suave terciopelo
la media luz de amor!

Juncal 12, 24
Telefoneá sin temor.
De tarde, té con masitas;
de noche, tango y cantar.
Los domingos, tés danzantes;
los lunes, desolación,
Hay de todo en la casita:
almohadones y divanes;
come en botica, cocó;
alfombras que no hacen ruido
y mesa puesta al amor.

LA PAREJA BAILA FRENETICAMENTE UNA
MILONGA CELEBRANDO EL MILAGRO DEL
AMOR.

SIGA EL BAILE
Milonga
Música: Edgardo Donato / Carlos Warren
Letra: Carlos Warren

Siga el baile, siga el baile
de la tierra en que nací;
la comparsa de los negros
al compás del tamboril.
Siga el baile, siga el baile
con ardiente frenesí;
un rumor de corazones
encendió el ritmo febril.

Ven a bailar,
te llevaré en las alas
de mi loca fantasía,
quiero olvidar
con besos nuestras penas,
torbellino de alegría.

Siga el baile, siga el baile
de la tierra en que nací;
la comparsa de los negros
al compás del tamboril.
Siga el baile, siga el baile
con ardiente frenesí;
un rumor de corazones
encendió el ritmo febril.

Dulce cantar,

caricia arrulladora,
embriagante, tentadora,
son musical
repica ya en los parches
con su ritmo tropical.

Siga el baile, siga el baile
de la tierra en que nací;
la comparsa de los negros
al compás del tamboril.
Al compás del tamboril,
¡hopa,hopa!
al compás del tamboril,
¡hopa, hopa!,
al compás del tamboril...

 LA PAREJA BAILA APACIBLEMENTE UN VALS
MIENTRAS ENTONAN A DUO EL BOLERO CON
TONO SUAVEMENTE TANGUERO

SOMOS NOVIOS
Letra y música: Armando Manzanero

Somos novios,
Pues los dos sentimos mutuo amor profundo
Y con eso ya ganamos
Lo más grande de este mundo.

Nos amamos, nos besamos,
Como novios nos deseamos
Y hasta a veces sin motivo,

Sin razon nos enojamos.

Somos novios,
Mantenemos un cariño limpio y puro,
Como todos, procuramos
El momento mas obscuro

Para hablarnos, para darnos el mas dulce de los besos,
y recordar de que color son los cerezos,
Sin hacer mas comentarios
Somos novios, solo novios.
Siempre novios, somos novios.

LA MUJER TOMA UN PAR DE ESPOSAS Y SE LAS COLOCA AL HOMBRE. EL HOMBRE ACEPTA COLABORANDO EN LA COLOCACIÓN. LA MUJERE ATA LAS ESPOSAS A UNA CADENA Y EMPIEZA A PASEARSE. EL HOMBRE LA SIGUE.

ARACA LA CANA

Tango
1933
Música: Enrique Delfino
Letra: Mario Rada

¡Araca la cana!
Ya estoy engriyao...
Un par de ojos negros me han engayolao.
Ojazos profundos, oscuros y bravos,

tajantes y fieros hieren al mirar,
con brillos de acero que van a matar.
De miedo al mirarlos el cuor me ha fayao.
¡Araca la cana! ya estoy engriyao.

Yo que anduve entreverao
en mil y una ocasión
y en todas he guapeao
yo que al bardo me he jugao
entero el corazón
sin asco ni cuidao.
Como un gil vengo a ensartarme
en esta daga que va a matarme
si es pa' creer que es cosa'e Dios
que al guapo más capaz
le faye el corazón.

LA PAREJA ACOSTADA EN LA "CHAISE
LONGUE" FUMANDO. LA MUJER EN CAMISÓN
SE LEVANTA Y EMPIEZA A VESTIRSE. EL
HOMBRE INTENTA RETENERLA. LA MUJER
INSISTE EN IRSE

QUEDÉMONOS AQUÍ
Tango
Música: Héctor Stamponi
Letra: Homero Expósito

Amor, la vida se nos va,
quedémonos aquí, ya es hora de llegar!
Amor, quedémonos aquí!

Por qué sin compasión rodar?
Amor, la flor se ha vuelto a abrir
y hay gusto a soledad
 quedémonos aquí!
Nuestro cansancio es un poema sin final
que aquí podemos terminar.
Abre tu vida sin ventanas!
Mira lo lindo que está el río!
Se despierta la mañana y tengo ganas
de juntarte un ramillete de rocío...
Basta de noches y de olvidos,
basta de alcohol sin esperanzas,
deja todo lo que ha sido
desangrarse en ese ayer sin fe!
Tal vez
de tanto usar el gris
te ciegues con el sol...
pero eso tiene fin!
Después, verás todo el color,
amor, quedémonos aquí!
Amor, asómate a la flor
y entiende la verdad que llaman corazón!
Deja el pasado acorbadado en el fangal
que aquí podemos empezar!

LA MUJER SOLA TOMANDO CHAMPAÑA.
ENTRA EL HOMBRE Y LA DESCUBRE.
COMIENZA UNA DESPEDIDA.

LOS MAREADOS
Tango

1942
Música: Juan Carlos Cobián
Letra: Enrique Cadícamo

Rara..
como encendida
te hallé bebiendo
linda y fatal...

Bebía

y en el fragor del champán,
loca, reía por no llorar...
Pena
Me dio encontrarte
pues al mirarte
yo vi brillar
tus ojos
con un eléctrico ardor,
tus bellos ojos que tanto adoré...

Esta noche, amiga mía,
el alcohol nos ha embriagado...
¡Qué importa que se rían
y nos llamen los mareados!
Cada cual tiene sus penas
y nosotros las tenemos...
Esta noche beberemos (dúo)
porque ya no volveremos (dúo)
a vernos más...(dúo)

Hoy vas a entrar en mi pasado,

en el pasado de mi vida...
Tres cosas lleva mi alma herida:
amor... pesar... dolor...
Hoy vas a entrar en mi pasado
y hoy nuevas sendas tomaremos...
¡Qué grande ha sido nuestro amor!...(dúo)
Y, sin embargo, ¡ay!,
mirá lo que quedó...

EL ESCENARIO AHORA ILUMINADO DE AZUL
EL HOMBRE RECORRE EL ESPACIO MIRANDO Y
TOCANDO OBJETOS.

CUARTITO AZUL
Tango
1939
Música: Mariano Mores
Letra: Mario Battistella

Cuartito azul, dulce morada de mi vida,
fiel testigo de mi tierna juventud,
llegó la hora de la triste despedida,
ya lo ves, todo en el mundo es inquietud.
Ya no soy más aquel muchacho oscuro;
todo un señor desde esta tarde soy.
Sin embargo, cuartito, te lo juro,
nunca estuve tan triste como hoy.

Cuartito azul
de mi primera pasión,

vos guardarás
todo mi corazón.
Si alguna vez
volviera la que amé
vos le dirás
que nunca te olvidé.
Cuartito azul,
hoy te canto mi adiós.
Ya no abriré
tu puerta y tu balcón.

Aquí viví toda mi ardiente fantasía
y al amor con alegría le canté;
aquí fue donde sollozó la amada mía
recitándome los versos de Chénier.
Quizá tendré para enorgullecerme
gloria y honor como nadie alcanzó,
pero nada podrá ya parecerme
tan lindo y tan sincero
como vos.

EL HOMBRE Y LA MUJER DETRÁS DE UNA
TELA SE RELACIONAN A TRAVÈS DE LA
SOMBRAS QUE PROYECTAN LAS LUCES
UBICADAS DETRÁS DE LOS CANTORES..

SOMBRAS NADA MÁS
Tango
1943
Música: Francisco Lomuto
Letra: José María Contursi

Quisiera abrir lentamente mis venas...
Mi sangre vertirla toda a tus pies...
Para poderte demostrar
que más no puedo amar
Y entonces.... ¡Morir después!
Y sin embargo, tus ojos azules
¡Azul que tiene el cielo y el mar!
Viven cerrados para mí
sin ver que estoy así
perdido en mi soledad.

Sombras... ¡Nada más!
Acariciando mis manos...
Sombras nada más
¡En el temblor de mi voz!
Pude ser feliz
y estoy en vida muriendo
y entre lágrimas viviendo
los pasados más horrendos
¡De este drama sin final!

Sombras... ¡Nada más!
entre tu vida y mi vida...
Sombras... ¡Nada más!
¡Entre tu amor y mi amor!

Qué breve fue tu presencia en mi hastío.
¡Qué tibias fueron tu mano y tu voz!
Cómo luciérnaga llegó
tu luz disipó
las sombras de mi rincón...

Y me quedé como un duende temblando
sin el azul de tus ojos de mar
que se han cerrado para mí
sin ver que estoy así
perdido en mi soledad.

Sombras... ¡nada más!
Acariciando mis manos...
Sombras nada más
¡En el temblor de mi voz!
Pude ser feliz
y estoy en vida muriendo
y entre lágrimas viviendo
los pasados más horrendos
¡De este drama sinfinal!

Sombras... ¡Nada más!
entre tu vida y mi vida...
Sombras... ¡Nada más!
¡Entre tu amor y mi amor

RUIDO DE TRUENOS Y ELAMPAGOS. SEGUIO
POR RUIDO DE LLUVIA. EL HOMBRE MIRA POR
LA VENTANA

POR LA VUELTA
Tango
1937
Música: José Tinelli

Letra: Enrique Cadícamo

¡Afuera es noche y llueve tanto!...
Ven a mi lado, me dijiste,
hoy tu palabra es como un manto...
un manto grato de amistad...
Tu copa es ésta, y la llenaste.
Bebamos juntos, viejo amigo,
dijiste mientras levantabas
tu fina copa de champán...

La historia vuelve a repetirse,
mi muñequita dulce y rubia,
el mismo amor... la misma lluvia...
el mismo, el mismo loco afán...
¿Te acuerdas? Hace justo un año
nos separamos sin un llanto...
Ninguna escena, ningún daño...
Simplemente fue un "Adiós"
inteligente de los dos...

Tu copa es ésta, y nuevamente
los dos brindamos *"por la vuelta".*
Tu boca roja y oferente
bebió en el fino bacarát...
Después, quizá mordiendo un llanto,
quedate siempre, me dijiste...
Afuera es noche y llueve tanto,
... y comenzaste a llorar...

REENCUENTRO DE LA PAREJA. LA MUJER
ENTA FURTIVAMENTE Y SE VUELVE A VER
CON EL HOMBRE

VOLVIÓ UNA NOCHE
Tango
1935
Música: Carlos Gardel
Letra: Alfredo Le Pera

Volvió una noche, no la esperaba,
había en su rostro tanta ansiedad
que tuve pena de recordarle
lo que he sufrido con su impiedad.
Me dijo humilde: *"Si me perdonas,*
el tiempo viejo otra vez vendrá.
La primavera es nuestra vida,
verás que todo nos sonreirá"

Mentira, mentira, yo quiero decirte,
las horas que pasan ya no vuelven más.
Y así mi cariño al tuyo enlazado
es sólo una mueca del viejo pasado
que ya no se puede resucitar.
Callé mi amargura y tuve piedad.
Sus ojos azules, muy grandes se abrieron,
mi pena inaudita pronto comprendieron
y con una mueca de mujer vencida
me dijo: *"Es la vida".* Y no la vi más.

Volvió esa noche, nunca la olvido,

con la mirada triste y sin luz.
Y tuve miedo de aquel espectro
que fue locura en mi juventud.
Se fue en silencio, sin un reproche,
busqué un espejo y me quise mirar.
Había en mi frente tantos inviernos
que también ella tuvo piedad.

EL HOMBRE SIRVE DOS CAFES QUE AMBOS
VAN ENDULZANDO, REVOLVIENDO Y
TOMANDO A MEDIDA QUE TRANSCURRE LA
ESCENA

EL ÚLTIMO CAFÉ
Tango
Música: Héctor Stamponi
Letra: Cátulo Castillo

Un último café
lo nuestro terminó

Llega tu recuerdo en torbellino,
vuelve en el otoño a atardecer
miro la garúa, y mientras miro,
gira la cuchara de café

El último café
que tus labios con frío,
pidieron esa vez
con la voz de un suspiro.

Recuerdo tu desdén,
te evoco sin razón,
te escucho sin que estés.
"Lo nuestro terminó",
dijiste en un adiós
de azúcar y de hiel...

¡Lo mismo que el café,
que el amor, que el olvido!
Que el vértigo final
de un rencor sin porqué...

Y allí, con tu impiedad,
me vi morir de pie,
medí tu vanidad
y entonces comprendí mi soledad
sin para qué...

Llovía y te ofrecí, ¡el último café!

EL HOMBRE RECORRE LA SALA MIRANDO A
LOS OJOS DE CADA MUJER EN FORMA
OBSESIVA Y PASA DE UNA A OTRA,
DESESPERADAENTE.

QUE FALTA QUE ME HACÉS
Tango
Música: Armando Pontier / Miguel Caló
Letra: Federico Silva

¡No estás!
Te busco y ya no estás.
Espina de la espera
que lastima
más y más...
Gritar
tu nombre enamorado.
Desear
tus labios despintados,
como luego de besarlos...
¡No estás!
Te busco y ya no estás.
¡Qué largas son las horas
ahora que no estás!...

Qué ganas de encontrarte
después de tantas noches.
Qué ganas de abrazarte,
¡qué falta que me haces!...
Si vieras que ternura
que tengo para darte,
capaz de hacer un mundo
y dártelo después.
Y entonces, si te encuentro, (a dúo)
seremos nuevamente, (a dúo)
desesperadamente, (a dúo)
los dos para los dos. (a dúo)

EL HOMBRE CON UNA BOTELLA DE WHISKY.
TOMAY CAMINA. PROGRESIVAMENTE PIERDE

EQUILIBRIO, TONO MUSCULAR Y
COORDINACIÓN EN LA VOZ

NOSTALGIAS
Tango
Música: Héctor Stamponi
Letra: Cátulo Castillo

Quiero emborrachar mi corazón
para apagar un loco amor
que más que amor es un sufrir...
Y aquí vengo para eso,
a borrar antiguos besos
en los besos de otras bocas...
Si tu amor fue "flor de un día"
¿porqué causa es siempre mía
esa cruel preocupación?

Quiero por los dos mi copa alzar
para olvidar mi obstinación
y más te vuelvo a recordar.

Nostalgias
de escuchar tu risa loca
y sentir junto a mi boca
como un fuego mi respiración.
Angustia
de sentirme abandonado
y pensar que otro a su lado
pronto... pronto me hablará de amor...
¡Hermano!

Yo no quiero rebajarme,
ni pedirte, ni llorarte,
ni decirte que no puedo más vivir...
Desde mi triste soledad veré caer
las rosas muertas de tu juventud.

Si las copas traen consuelo
aquí estoy con mi desvelo
para ahogarlos de una vez...
Quiero emborrachar mi corazón
para después poder brindar
"por los fracasos del amor"...(dúo)

EL HOMBRE ENCARA A LA AUDIENCIA EN
FORMA DESAFIANTE Y SOBERBIA

QUÉ ME VAN A HABLAR DE AMOR!
Tango
1946
Música: Héctor Stamponi
Letra: Homero Expósito

Yo anduve siempre en amores
¡qué me van a hablar de amor!
Si ayer la quise, qué importa...
¡qué importa si hoy no la quiero!
Eran sus ojos de cielo
el ancla más linda
que ataba mis sueños;
era mi amor, pero un día

se fue de mis cosas
y entró a ser recuerdo.
Después rodé en mil amores...
¡qué me van a hablar de amor!

Muchas veces el invierno
me echó desde la ausencia
la soga del recuerdo,
y yo siempre me he soltado
como un potro mal domado
por mañero, y porque yo
que anduve enamorado
rompí como una rosa
las cosas del pasado.
Y ahora,
que estoy viviendo en otra aurora
no me expliquen el amor
que aunque tenga que aprender
nadie sabe más que yo.

LA MUJER INGRESA Y ENCARA CON BRONCA
AL HOMBRE. EMPIEZA A CANTAR
AGRESIVAMENTE, ARRINCONANDO AL
HOMBRE., QUE SE VA ENCOGIENDO A MEDIDA
QUE LA ESCENA SE DESARROLLA HASTA
TERMINAR HECHO UN TRAPO.

PATOTERO SENTIMENTAL
Tango
1922
Musica: Manuel Jovés
Letra: Manuel Romero

Patotero,
rey del bailongo,
patotero,
sentimental.
Escondés bajo tu risa
muchas ganas de llorar.
Ya los años
se van pasando
y en mi pecho
no entró un querer.

En mi vida tuviste minas, muchas minas
pero nunca una mujer...

Cuando tomo dos copas de más,
en mi pecho comienza a surgir
el recuerdo de esta fiel mujer
que me quiso de verdad,
y yo, ingrato, abandoné.
De tu amor me burlé sin mirar
que pudiera sentirlo después,
sin saber
que los años al correr
iban, crueles, a amargar
a este rey del cabaret.

¡Pobrecita!
¡Cómo llorabas
cuando cieg
te eché a rodar...!
La patota me miraba
y... ¡no es de hombre el aflojar!

Patotero
rey del bailongo,
de mi siempre
te acordarás.
Hoy ríes... pero tu risa
¡sólo es ganas de llorar!

FIN